Who Are the Curanderos?

Book #6 in the Little Book Series

Kent and Katie Philpott

EVM

Who Are the Curanderos?

¿Qienés son los curanderos?

©2024 Kent Philpott

Earthen Vessel Media, LLC
San Rafael, CA
earthenvesselmedia.com

ISBN: 978-1-946794-44-4 print
ISBN: 978-1-946794-45-1 epub
Cover and interior design by KLC Philpott

The author and publisher hereby gives permission to quote, copy, or exerpt passages of any size from this book and requests it will be for the purposes of teaching and evangelism for the cause of Christ.

All Biblical Scripture quotations, unless otherwise indicated, are take from the Holy Bible, English Standard Version® (ESV®), copyright ©2001 by Crossway Bibles, a publishing ministry of Good News Publishers. All rights reserved.

Other books in the Little Book Series:
#1: *Biblical Christianity is Evangelical*
#2: *The Preposterous God*
#3: *Spiritual Health*
#4: *What's So Bad about Hell?*
#5: *Dangerous Worship*

Contents

English Version

Preface	4
A Little History	7
More on Curandismo	12
Santería—Do You Know What it Is?	19
Concluding Thoughts	40

Versión en español

Prólogo	44
Un poco de historia	47
Curanderismo	52
Santería—¿Sabes lo que es?	60
Reflexiones finales	82
Nota de Juan Carlos Garcia.	84

Preface

Dear reader, let us explain the reason for this booklet.

In recent years there has been an upsurge in people engaging with curanderos, mostly women, who offer dangerous spiritual and emotional healing techniques, and most of these people are Hispanics. Thus, we felt it necessary to present something on this subject. This booklet will also be published in Spanish.

We are also attempting to reach out to the curanderos, both men and women. The majority of them believe their services help others, and they are not malicious people. They sincerely trust that what they are doing is good and right. They rarely understand that they are involved with dangerous and demonic spirits. Some may realize the true nature of what is going on but do not know how to extricate themselves from their identities and "healing" activities, and this is one of reasons for presenting this material.

Some years back we published *The Soul Journey: How Shamanism, Santería, Wicca, and Charisma are Connected*, and we include its chapter on Santería, because it will help provide a background for this present emphasis.

We live near a rather large Hispanic community, and

less than a mile from our home is a botánica, and this is where a curandera operates a small shop filled with various images, candles, idols, bottles of various aromas, and much more. The cover of this booklet shows a typical botánica interior.

The point is, we are seeing a bit of an invasion of occult and psychic oriented practices now, in California but in many other states across the country, and it is likely few would understand what all of this involves. Therefore, the idea came to us to publish a simple, inexpensive booklet that we could hand out to others.

At our small church, Miller Avenue Baptist Church in Mill Valley, California, we now have a Spanish speaking Sunday afternoon service, led by Juan Carlos and Rocio Garcia. Just yesterday we talked with Juan Carlos about this outreach, and he and his wife are very much on board with this.

What often drives Hispanic people to the curanderos is the cost of "regular" medical care, then the need to get help in a way they have experienced, and also the understanding that this is an accepted practice where they come from.

Here is the bottom line: Engaging with "healers" who rely on magical intervention from spirits and other entities to bring health and wholeness will result in an invasion of demonic evil spirits. It is shamanistic to the core, in which the medium goes into a trance state and connects with other entities which are thought to bring physical or emotional healing.

This effort of ours is not an attack on another people's culture, religion, or sensibilities, but it is a warning that there is an evil connection to the whole of it. As followers of Jesus, with the command to love others, we are bound to take a stand as lovingly and gently as we can.

A Little History

Curanderos is a term originating in the days when the Spanish began colonizing Latin America and referred to a mixture of the medical practices of the indigenous population and Catholic rituals. There was also the influence of what is known as Santeria, a term loosely meaning "that saint thing," brought into that part of the world by slaves from Western Africa. They came mostly from the Yoruba tribes, bringing worship of their Orisha gods and hid their paganism from the Catholic priests by renaming those gods with Catholic saint names.

The word "curandero" is derived from the Spanish word for "to cure" and thus refers to a specialist in traditional medicine. A curandero is someone whose motive is to help people be restored to health and will administer shamanistic and spiritistic remedies for mental, emotional, physical, and spiritual illnesses. The curandero can even reverse black magic.

The use of Catholic prayers and other borrowings are often found alongside native religious elements. Many curanderos emphasize their native spirituality in healing while also being practicing Catholics.

Early on, curanderos were found mostly in *Amerindian* populations, but in more recent times they have moved into the United States proper. And there are a number of different types of curanderos. For example, there are those who work with herbs, tobacco, and ayahuasca, which is a plant-based psychedelic. There are those who specialize in peyote, which comes from a spineless cactus that contains psychoactive alkaloids, particularly mescaline. Still others depend on prayer or massage. And then there are the witch doctors, and these are often called "faith healers."

Those Hispanics who have recently come into the United States and who have not mastered English yet will more likely turn to curanderos with whom they can more easily communicate than with American medical personnel who might not understand the "spiritual approach" used by the curanderos who are appreciated for their supposed ability to cast out evil spirits that might reside in someone's body and to do a full spiritual cleanse. Another factor is that the curanderos, who usually operate out of their homes, are not nearly as expensive as standard medical services.

Many who are used to the kind of medicine the curanderos bring do not believe that modern, Western medicine can help deal with fear, scare, fright, vampire spirits, witchcraft or sorcery, bad air, evil air, evil wind, hot air, cold air, bad neighbor, ill intent, negative thoughts, and more. But the curandero can treat the bad consequences of encounters with a *duende*, a spirit creature.

For all the illnesses mentioned above, only a curandero

can perform a "mal limpieza" meaning a purge of evil. This treatment may involve sugar, liquor, holy water, perfume, eggs, chickens, Guinea pigs, a dog's skull, a dove's blood, a head from a doll, plants, or some other "power" object. These are said to cleanse homes as well, and once these materials are used, they are disposed of to prevent others from being harmed.

Besides the fact that curanderos treat some physical and mental conditions by non-medical practices such as showering the ill person with flower petals from certain plants considered to have curative properties, there are several other troubling aspects to these curandero practices. One is that the illnesses in question may be linked to evil spirits.

It is thought that the curandero is able to enter into other dimensions where they seek solutions to a person's illness or problem. This involves going into a trance state and magically travelling to a source where healing can be found. This is identical to what the psychic or shaman does when they supposedly enter into a mystical world where spirits abound. However, these spirits are unholy, not provided by the God of Creation but by that fallen angel, Satan.

The question that must be asked, then, is whether the curandero is possessed by demons, and whether these are then transferred to the patient? It is well known that curanderos were often identified as witches or as those who cast spells, and this often led to their being persecuted.

The Duendes

It is said that curanderos are the only ones who can deal with the duendes, spirit creatures encountered in much the same way as folk cultures see dwarfs, nymphs, leprechauns, or other "spirit beings." The word *duende* refers to a spirit in Spanish, Portuguese, and Filipino folklore and literally means ghost, goblin, demon, or spirit in Spanish. Thus, duendes are associated with spiritual or supernatural powers.

It is believed that duendes have the power to grant people fortune and success and often favor those in whom they see innate potential. A duende can choose to stop blessing those they inhabit with fortune if they fall out of favor.

In the Hispanic folklore of Mexico and the American Southwest, duendes are known as small gnome-like creatures who live inside the walls of homes, especially in the bedroom walls of young children. It is said that because of the tricks of the duende, some girls have become mute and even mentally impaired. If the girls do not pay attention to the duende, then he chases them about, maybe throwing little rocks at their windows at night, and may also throw cow dung on them.

A duende is believed to be either beneficial, neutral, or malicious, requiring a curandero's help for a person who has had negative consequences with a pixie, imp, fairy, leprechaun, brownie, dwarf, gnome, or troll duende.

More on Curandismo

Part One

In the Sunday, December 17, 2003, edition of The New York Times, page 15, is an article titled: "On Texas Border, Ancient Art of Healing Enters Modern Age."

The article states that for generations, Hispanic communities along the Southern border have turned to curanderas or folk healers. A curandera (feminine form meaning a female curandero) would be imagined as "an old woman lighting candles with religious icons operating in the shadows of society out of rusty shacks." But that image is changing now, especially in the twenty-plus years since that article was written, and curanderismo, the practice of ancient healing, has entered the age of Instagram. Indeed, younger people are imitating and reproducing the practices of their grandmothers. They can be observed conducting limpias, even on public beaches. A limpia, or spiritual cleansing, is a ritual used to cleanse the body, mind, and soul of negativity. It is thought to remove bad luck, blockages, confusions, bad karma, witchcraft, generational curses and imbalances, and helps with addictions, phobias, and fears.

> (Author's note: Common elements are candles called limpias, which look like Our Lady

of Guadalupe. "La Limpia" means "the cleanse" and is deeply rooted from Aztec ancestors, who believe everything in this world has a spirit, some good and some evil. And here is the core of it all: unknowingly, well-meaning people are brought into the presence of demonic spirits, which can result in being possessed and manipulated by them, and this is the reason for writing this booklet.)

When the Spanish conquistadors arrived in Latin America and Mexico centuries ago, the native peoples "began mixing indigenous rituals with elements of Catholicism," including influences from Asian and African folk traditions. Eventually this spread across the border to Texas and beyond.

(Author's note: Later influences from Asia and Africa via slaves brought against their will mixed with both the Catholic and indigenous practices and became known in the new world as Santería, loosely translated as "The Saint Thing." Included here in this booklet is a presentation of Santeria from our book The Soul Journey: How Shamanism /Santeria, Wicca, and Charisma are Connected.

For many, especially in the U.S., medical care was too expensive, resulting in turning to the curanderas, whose healing methods often included occult/psychic practices.

The New York Times contributor states, "Curanderismo has become so accepted in the Rio Grande Valley that it is not unusual to see street signs and TV ads advertising folk healing services."

> (Author's note: One curandera, as she grew in her healing practices, believed she was working with the Angel of Death, Azrael. Our view of this is that the so-called angel was in fact a demonic spirit, and whether this fit into her Catholic views is uncertain, but it is clear that depictions of Catholic saints and personages are commonly employed in Curanderismo.)

Part Two

> (Author's note: Following are depictions of Curanderismo found throughout the internet, concentrating on the Wikipedia article on "Curandero," part of its series on "Alternative Medicine." We have chosen this process so as to avoid the accusation that we, the authors, merely researched Christian-oriented material.)

1) "In many Hispanic communities in the United States, as well as in Mexico and parts of Central and South America, people often turn to the services of a curandero or curandera. The curandera (this is the feminine form, the masculine ends with the –ero) is someone

who practices curanderismo — spiritual healing based upon the use of traditional herbs and remedies, and is often considered a leader in the local community. The curandera in your neighborhood is the person you turn to for undiagnosed illness, particularly when that illness may have metaphysical or supernatural origins.

"Much like folk healing in other parts of the world, there are a number of cultural and societal influences that color the way the curandera is seen by other members of the community. Typically, it is believed that a curandera is someone who has been given the gift of healing by God himself — remember, most Spanish-speaking countries are heavily Catholic."

2) A curandero is a specialist in "traditional medicine," which can either contrast with or supplement western medicine. That said, moving away from modern western medicine, it means the curandero relies upon shamanistic and spiritistic remedies for mental, emotional, physical, and spiritual illnesses.

Some curanderos will use simple herbs, water, even mud to work their cures. Many Catholic elements will be used as well, such as holy water, pictures of saints, catholic prayers, and other borrowings. And many of the "patients" are practicing Catholics.

> (Author's note: We do not wish to denigrate Catholicism, and many if not most Catholics reject curanderismo.)

3) Curanderismo is a blend of Native American and Spanish roots. It is also a blending of venerating, even worshiping, Catholic saints and African orisha gods—spiritual practices of Africans brought to South America to be sold as slaves. These practices intermingled with Catholicism and became known as Santería.

The healers, the curanderos, were accredited with directing the spiritual energies of different substances. These practitioners were expert at entering into trances, receiving spiritual energies, and communicating with spirits.

(Author's note: This last skill, so called "communicating with spirits," is the core of our concern. These are indeed spirits, but they are not holy or even benign; they are evil spirits or demons. How can this be verified? We know from our personal experience during decades of performing what is known among Christians as "deliverance ministry." We commonly confront these demons and see them cast out. These spirits sometimes even plead not be sent into hell. Several of our books published on the subject are available—see the list at the end of this book.)

4) "Curar" means to heal and is said to employ a holistic approach to healing, covering mind, body, and spirit, and a curandero/a is a traditional healer working on the spiritual, material, and mental levels. It is someone with a don or gift, to help others who are suffering from various forms of illness that western medicine

is unable to treat, or whose treatment is beyond the financial capacity of those who are suffering.

This form of care is expanding to an incredible degree now that so many are coming to America and other western nations to escape conditions in Central and South America.

> (Author's note: At our small Miller Avenue Baptist Church in Mill Valley, California, we have an outreach to Spanish speaking people under the leadership of Juan Carlos and Rocio Garcia, he from Mexico, she from Guatemala. Kent himself helped establish a church in a barrio named Natividad, just east of Mexico City, in the 1970s, and delivered one sermon in Spanish. Kent is also a high school football and baseball coach, and this past season, 70% of the Junior Varsity football team were Hispanics.)

Here is an interesting quote from the Internet, with no author supplied, and slightly altered here in order to fill in blanks. "Fusion of Traditional and Allopathic Medicine, Curanderismo has influenced the revival of alternative, contemporary, holistic, integrated medicine and amounts to about 21 billion dollars in consumer spending."

It appears that the practices of an earlier culture, birthplace, and identity influence who seeks the services of psychic healers, especially if medical treatment is not easily attained. It is said that such "can't hurt, could help."

And here is the fundamental trouble: It will hurt and dramatically. Why?

Because the spiritual power that is present with the curanderos is connected with and directed by demonic spirits.

This is what this booklet is all about: The sad reality is that connection with a curandero is connection with the evil spirits that are under the control of the chief demon, Satan itself.

We are not merely pointing out error but rather the ultimate danger, possession by demonic spirits. The curandero will be under the influence of these demons, though most practitioners will not be aware of it, but that is what is lurking ever present around curandismo. Therefore, when a person comes to the curandero, they are in the presence of evil and can themselves be invaded by those demons.

Santería — Do You Know What it Is?

Note: We include the following essay on Santería relevant to the discussion on Curanderos due to its common origins and mixtures of traditional Indigenous medicinal practices and Catholic rituals. In the case of Santería, the indigenous origins were in Africa, mixed with Hispanic Catholic influences when African slaves were brought to the New World aboard ships. Even if Curanderos do not claim kinship or close involvement with Santería, the influences are parallel and related, especially as relates to the spiritist approach.

****

Santería has been around for 400 years and is growing rapidly. Membership is estimated to be about 100,000,000, but that count was made twenty years ago. The numbers have been bulking up due to the Mexican drug cartels being drawn into it. Under the name of La Santa Muerte or The Holy Dead, this offshoot of Santería is used to prevent one from being caught when committing crimes, to avoid prison, and to be protected from bullets and knives.

In many ways, Santería is jungle magic dressed up for urban life and is growing rapidly in some of America›s big cities like New York, Miami, Chicago, and Los Angeles. During the third week of January 2012, there were twelve «botánicas» open for business in Los Angeles› San Fernando Valley. There is even a botanica in Marin County, one of America›s most prestigious and wealthy counties. A botanica is a store where products necessary to the carrying out of the complex curses, spells, rituals, and divining ceremonies are purchased.

Santería desires to stay under the radar; it is an extremely secretive religion. Considering the sacrifices of chickens, goats, and other animals, and sometimes drinking the blood of those animals, practitioners of the religion try to keep away from media scrutiny.

Youth are particularly attracted to Santería for its cool edginess. It is very spiritual and highly religious, and the goals of those attracted to it are attaining of wealth, health, and prosperity—the very themes that drive many of the world›s religions, even in some corners of evangelical Christianity.

Fans of Santería will say that their religion is not about power or money, rather it is a way to improve one›s life. Such a defense is understandable, but the evidence simply does not support that. This will be made plain as we go along.

Origins

The origins of the magical and fortune-telling rites go back to Yoruba-speaking West African tribes, mainly those found along the banks of the Niger River in Nigeria. The 18th and 19th century slave traders, in bringing West Africans to the New World, also brought what was to become known as Santería to the Americas, mainly to the Caribbean Islands from where it spread, both north into other parts of the Caribbean and the U.S.A. and south into Mexico, Central America and South America. In Cuba it is known as Lucumi, in Brazil either Macumba or Candomblé, and in Puerto Rico, the Dominican Republic, Trinidad, and Mexico it became known as Santería. In different places the names for the rites also changed, and in Haiti the magical rites are called Voodoo or Voudun. Voodoo and Santería developed differences over time, but the focus is the same--the placating of gods, spirits, demons, even the devil, to do the bidding of the worshipper. Some observers maintain that Voodoo and Santería are basically now two different religious systems.

There are significant differences between the Yoruba religion and Santería. When the slaves reached the New World things changed, as for example, in the number of gods worshipped. When the African religion reached Brazil, it morphed into what is now called either Candomblé or Macumba. In Trinidad it became known as Shango. The religion was called Santería in Cuba, from which it migrated to Puerto Rico, the Dominican Republic, Venezuela, Columbia, Argentina, Panama, and other countries.

Santería comes from the Spanish word for "saint." When the African slaves in the New World realized their masters did not understand or appreciate their magical religious rites, they simply folded their magical system into the prevailing worship of the Roman Catholic Church. The process is referred to as syncretism, which is blending of competing systems with a resultant creation of a new identity in both name and practice.

Santería's gods

The Yoruba gods comprise an extremely complex structure not unlike the pantheon of the Greeks of ancient days. Their deities are known as orishas and were eventually given names borrowed from Roman Catholic saints. The character of the orishas reminds one of the Greek gods and goddesses who were divine but carried on like ill-behaved humans. In Africa the list of the orishas surpasses 600, while in Latin America that number was reduced to between twenty and twenty-five. These orishas have African names: Eleggua, Orunmila, Obatala, Oddudua, Chango, Oggun, Ochosi, Aganyu, Babalu-aye, Osain, Yemaya, Oshun, Oya, Orisha-Oko, Yewa, Dada, Ibeyi, Oba, Inle, and Osun. A key doctrine of Santería is that every person has a ruling orisha, even if that person never learns the name of the orisha or even ever practices Santería.

Some adherents of Santería claim it is a monotheistic

religion, because the orisha gods named above are only secondary to the ultimate, uncreated, eternal, all powerful, and totally transcendent god, Oloddumare. Oloddumare has the ashe or power, and the orishas dispense the ashe, if they are properly respected and worshipped. Ashe is the power that makes the curses, spells, and other rituals work.

The orishas are said to have raw power that is awe-inspiring and visually evident, but the worship of an orisha is not easily done, because they demand strict obedience and total surrender. Given enough time, the demands of the orisha dominates the life of the practitioner to the point of torture.

To Santeríans, the gods are not really thought of as gods but are considered «children» or servants of Oloddumare. The orishas are not then worshipped as gods but as guardian angels, and it is here that the syncretism between the Yoruba teachings and Catholicism is dramatically apparent.

Santería is typical of what occurred so often in the coming together of different peoples with differing belief systems--there was a combining of systems. With Santería, all of the Yoruba deities became identified with Catholic saints. Santería became then a mixture of Yoruba religion with many of the traditions of the Catholic Church. Often practitioners so blend the two that they do not recognize where one stops and the other begins.

The impact of the Roman Catholic Church upon Santería

The folding in of the religious beliefs of the Yoruba people into the Catholic Faith wrought far-reaching consequences. Primitive magic is at the heart of Santería. In the New World, the Yoruba religion was practiced in the woods, away from prying eyes. It is for this reason, the need to hide the magical, witchcraft nature of the slaves' religion, that led to the folding of Santería into Catholic practices and observances.

The transition was fairly easily accomplished since the primary mechanisms for magical thinking were already in place in the Catholic system. Consider the following:

    1) Catholic priests receive ordination from those previously ordained, supposedly going back to Peter. This is essentially a magical concept where certain powers of the priests, acquired through ordination, are exercised in religious rites. This is evident in the power of the priest to turn ordinary water into «holy water» and to turn bread into the actual flesh of Jesus and wine into the actual blood of Jesus. It was not a large step to embrace the Yoruba belief system. After all, Santería is about obtaining power, or ashe, from the saints.

    2) Catholic Saints, including the Virgin Mary, are prayed to in the Catholic Church and these are

thought to be able to grant certain favors including protection from accidents and injury. The saints of the Church had power that could be tapped into. In Santería, the rites of the Church were merely copied and modified, and the result was much the same.

3) The Church's concept of an immortal soul set the stage for Santería's doctrine of reincarnation. With reincarnation the soul lives on, and there is no real consequence for bad behavior except perhaps having to experience a lesser existence the next time around. This possibility does not impact people much, as consequences are both hazy and far away, and there is no threat of actual judgment.

4) The Mass--this sacrificial rite, the continual reenactment of the crucifixion of Jesus Christ, provided the backdrop for the animal sacrifices ubiquitous to Santería. If the church's rites focused on sacrifice, then Santería's sacrificial system could legitimately fall right in line.

It must be noted that the Roman Catholic Church did not endorse Santería and largely attempted to refute it, but Santería became so influential that in some places, and to this day, there was a deliberate syncretization of the two systems. This is especially true in countries like Cuba and Brazil.

It is also characteristic that Santeríans are baptized and faithful members of the Catholic Church, often very fervent worshippers. This has changed somewhat now as Jewish people have begun practicing Santería, and they objected to a Christian baptism of any kind. It may be that Jews who practiced Judaism›s esoteric Kabballah found a linkage between that and Santería.

Essentially, Santería is the worship of saints

Santería is called a natural magico-religious system. In fact, each of the orishas (saints) are identified with a force of nature. Again, the orishas have power – *ashe* - and can be compelled to give it to a worshipper.

All the various forms of the religion, the rituals and spells, are conducted to get ashe from the orishas. With ashe all problems can be solved, enemies destroyed, love obtained, and wealth secured, even through illegal means.

Ebbo, or sacrifice, is the centerpiece of the worship of saints/orishas and is the way ashe/power is obtained. It is the proper sacrifice--maybe of fruit, flowers, candles, other favorite foods, or even the blood of an animal, that moves the orisha to give ashe. The ebbos are complex rituals and are the specialty of the santeros or santeras, the men and women (mostly men) who serve as the priests of Santería and who perform the ebbos intended to placate or propitiate the saints or orishas.

It should be noted that in Africa the Yoruba placated both good and evil forces, the evil called *ajogun*, and the good called the *orishas*. But in Santería only the good forces, so-called, are worshipped—the orishas.

One of Santería's core beliefs is that one's destiny begins before birth. The soul, whose origin is in the house of God, or heaven, lives on and on in many reincarnations. In each birth a person has a specific destiny to fulfill. This, of course, runs counter to Catholic doctrine.

Santería is also highly regimented and formalized because magic depends on the precise carrying out of the ritual. And the santero is to be obeyed beyond question, as he knows all and has the answer for everything. It is said that the santero does nothing more than carry out the wishes of the orisha. The santeros are considered to be the actual living presence of the orishas, and it is said that the orishas "are loving friends but terrible enemies."

The high priest of Santería

The *Babalawo*—the high priest of Santería—is syncretized with St. Francis of Assisi.

Baba means father; *awo* means divination. This entity is said to be the judge of Santería and is consulted when a case proves difficult.

The Babalawo, always male, uses three different forms of divination to determine what is to be done:

the *opele*, the *opon ifa*, and the *ikin*. All three involve elaborate rites to ascertain the correct means of solving troublesome cases. All three will determine what ebbo, or worship, is to be offered to which orisha.

The Diloggun

The *diloggun* is a system of divination, most often done with cowrie shells, known as "the seashells," which are thrown on the ground or a table, and their alignment determines what type of sacrifice is to be made by the worshipper who is seeking ashe for some purpose or another.

Ancestor worship

Also central to Santería is ancestor worship. Deceased family members are known as "eggun" and these eggun must be placated or "fed" before any ceremony directed to the orishas can be performed. Here is observed a connection with La Santa Muerte, the worship of the "holy dead."

The asiento

There are a number of initiations; one of these is called the *Guerreros*, which is Spanish for Warriors. In this initiation one receives several orishas who actually are said to live by the person's front door and need to be placated in some way at least every Monday, but maybe more often, depending on what is decreed by the seashells.

Another initiation is the *ilekes* or Necklaces (*collares* in Spanish). Actual necklaces are draped around the neck of the initiate. The ilekes are sacred and are a sign of the orishas presence and protection. Santeríans say the necklace ceremony is equivalent to the ceremony of baptism. Receiving the necklaces is a ceremonial entrance into the religion as a follower of the orishas.

Asiento is a word used to describe the basic nature of an initiation. The word means "seat" and reveals the reality of Santería.

Santeros do the initiating, and the first task is to ascertain by means of the diloggun (seashells) who is the initiate's personal orisha. That orisha is said to watch over the initiated person throughout his (or her) life, guiding and protecting him. Thus, the orisha will be constantly petitioned by the new member. In the New World, the Hispanic world, the orisha is referred to by a saint's name, and each of the orishas have a saint's name. Appeals are then made to the orisha in order to secure healing and wealth, to cast spells, and to perform other forms of magic.

The outcome of the asiento is that the initiate is "mounted" by the orisha, like a rider mounts a horse. The initiate becomes the seat of the orisha which takes possession of him or her. Here is seen the real nature of

Santería. The orisha is no god, saint, or guardian angel; the orisha is an unclean or evil spirit. Here is where the façade of Santería is broken, and its true face is evident. The orisha is a demon, as are the *eggun*, the so-called holy dead.

The eggun are spirits of the dead, and associated with the eggun are all the spirits assigned to a person for protection and guidance. There is, therefore, a whole host of unclean or evil spirits that invade the life of the initiate who has been mounted in the asiento. After a while, there would be a considerable host of spirits involved—a legion of demons in fact.

Orishas are not hidden or remote forces; they are involved in the everyday life of the person. Orishas will talk "face to face," in that they can be talked to and will talk back. It is this real-time interaction with the orishas that account for the rapid growth of Santería.

After completion of the asiento, the initiate is said to be born anew and is given a new name. It is clear that Santería is a clever counterpart, or better, counterfeit, to biblical Christianity, wherein the believer is indwelt by the Holy Spirit upon conversion.

Magic

Santería is based on what is called sympathetic, imitative, or homeopathic magic. This form of magic centers around the so-called laws of similarity and contact.

The similarity form of magic might be described as "like produces like." For example, when a spell or curse is to be cast on an enemy, then a figure is made to simulate or be similar to the enemy, usually made of wax. The simulated figure is tortured, stabbed, and so on. Whatever happens to the wax figure is expected to similarly happen to the victim of the spell or curse. Often a stone is named after an enemy, then that stone can is kicked around the house or down the road, and what punishment the stone receives the victim is intended to receive as well. This reminds one of voodoo.

Contact magic is a form in which physical contact is made with an object belonging to or associated with the subject of the spell. The effect remains long after the contact is ended. For example, if something that belongs to the subject, a piece of clothing or a shoe, is procured, then the owner can be influenced. This form of magic is thought to secure love, sex, or something else that belongs to the victim or subject.

Faith is required for the magic to work, faith in the power of the saints, the orishas.

Black magic is the term used when harm to a victim in intended; white magic is the term for when, for instance, love is sought. The difference is artificial; the demon's intent is to secure the worship of the Santería people above all else and will seem to do good in order to receive it. Yes, demonic miracles do occur.

Santeros, then, will attempt to make a distinction between good and evil magic, but in reality, such differences are not actual, because there are no good forms of magic at all (not to be confused with entertainers' sleight-of-hand tricks or illusions). Indeed, all magic of the Santería sort is evil and functions only by demonic power. The magical nature of Santería is exposed in this way for someone who stands outside it, but for those committed to it, it seems natural and logical.

The Séance

The séance is the spiritual mass of Santería. Participants sit around a table, often enveloped in swirling cigar smoke, which is supposed to have a cleansing effect, similar to "holy" water. After the reading of certain cleansing prayers, often from a book written by Allen Kardec, a French spiritualist, the spirits of various eggun will begin to appear and actually interact with the participants. To a skeptic such revelation is overwhelming. The eggun will appear to physically walk around the room, eyes open, and talk to those seated around the table. They seem very much as living entities, not flesh and blood persons, but entities that are walking and talking.

Santeríans have observed that the eggun at the séance will speak gutturally, often using African words with a Spanish accent, and treat the participants as though they were their slaves.

The Ebbo, or Offering, and the Sacrifices

The santero makes the offering (*ebbo*) to the orisha in order to obtain ashe, the raw cosmic power, to work in favor of his client. The santero charges a monetary fee for this, the *derecho*, and the bill for the santero's work can be quite expensive.

There are basically three kinds of animal sacrifices. First is the ritual cleansing: the santero rubs an animal over the body of a distressed client, thus taking away the source of the trouble, after which he sacrifices the animal. He must dispose of the animal's body; it may not be eaten.

Second are offerings to the eggun or orishas. Some of these animals may be eaten, some not.

Third are *asiento* offerings, where the blood of a sacrificed animal is offered to the saints. This involves the pouring out of the animal's blood that was held in a cup or other vessel. The animal is always eaten afterward, because it is believed that the orisha's ashe was in that animal.

The Bataa and the Tambor

The *bataa* are drums that are used to sound unusual rhythms known as a "conversation." The drums are played at "fiestas de santo," which are parties in honor of the orishas. The party is known as a *tambor*, Spanish for drum. There are three different kinds of tambor drums, and each drum is thought to be alive or having a soul. The drum is thought to speak with a voice peculiar to itself and are believed to be the voices of spiritual entities of great power.

The drummers try to beat out a voice that seeks that the orishas will come down to the tambor and possessing the initiates.

In the tambors, dancers or specially designated people become possessed, which is obvious to those in attendance. The possessed persons often do outrageous things, even perform acts requiring great strength that would be impossible without the possession. These possessions serve as direct evidence of contact with supernatural powers and are very convincing to onlookers.

In the tambor, when animals are sacrificed, santeros will drink the blood of a sacrificial animal as it comes spurting out. It is said that the santero is not drinking the blood but that the orisha who possesses the santero is actually being fed by the blood.

A note on drumming: men's drumming groups are a means of attracting new members into Santería and can be found on many American college campuses.

Olosi

In Santería the devil is known as *Olosi*.

Witchcraft or black magic is not commonly practiced

in Santería, but this often depends on the santero. Those who practice Palo Monte or Palo Mayombe are the ones who directly engage in witchcraft and black magic, even the direct worship of Satan.

There is said to be good Palo or Christian *Mayome*, and bad, or Jewish or unbaptized *Mayombe*. In the good form, holy water is used, and in the bad, this is where people are involved who have not been baptized into the Catholic Church--who might be Jewish or some other religion that does not recognize the Church.

Four-fold Structure of Santería

According to Migene Gonzalez-Wippler's book *Santería The Religion*, there is a four-fold structure to Santería: communication, possession, divine contact, and transformation.

Communication takes place through possession, which is contact with the divine, and that contact brings transformation.

Possession takes place during trance-like or altered states of consciousness that result from the drummed rhythms. The possession brings communication, actual contact with spirits, after which one will never be the same. When the possession happens, the initiated person is said to be possessed by his guardian angel or ruling orisha. This is known as *montarse* or *subirse el santo*. The possessed individual acts and functions as if he were the personification of the orisha.

This structure is accurate to a degree. The possessing spirit, which is in fact a demon, contacts the individual, communicates with him or her, and transforms that individual. It is demonic possession institutionalized as an acceptable religion. The exposure of such is the reason for the writing of this essay.

The Power and Force behind Santería

Santería is a religion wherein the devil receives worship from people. The orishas are actual entities, demonic spirits, but those involved in Santería do not always know this. For many of the members of Santería, they believe their practices are merely an extension of their Catholic religion.

Many santeros and santeras know differently, however. They recognize, after a period of time, that they are in direct contact with the devil and his angels.

Oddly, they will even know that "Jesus Christ of Nazareth," as they put it, and only Jesus Christ, can drive the orishas and the eggun out of them.

Power, health, wealth, and prosperity are desirable indeed but are not the purpose nor goal of life, which is to know God and glorify him. To have all of the former would do nothing but deceive and distort the receiver. And even if the entire world were to be gained, there still stands a righteous judgment ahead. The orishas, the holy dead, and all the host of Satan will only be cast into hell forever.

This essay was written to warn those who are engaged in Santería to flee from it and the demonic powers that drive it. Santería members will give testimonies about how they have been rewarded with good things. But at what a terrible cost!

This essay is also for those who innocently involved themselves with Santería thinking it was somehow connected with the Catholic Church and was thus acceptable. The Catholic Church as historically understood rejects Santería and its magical practices.

This paper is for those who have been initiated and have been possessed of spirits, spirits you had been told are spirits of ancestors or by orishas themselves. All of these are demons whose whole purpose is to take you to hell with them.

Jesus Christ of Nazareth can drive the demons out.

Please study the following passages from both the Hebrew Scriptures and the New Testament of the Bible:

> Deuteronomy 18:10-12. "There shall not be found among you anyone who burns his son or his daughter as an offering, anyone who practices divination or tells fortunes or

> interprets omens, or a sorcerer or a charmer or a medium or a necromancer or one who inquires of the dead, for whoever does these things is an abomination to the LORD."

There it is. Notice "necromancer"—communicator with the dead. Direct and to the point. Also, the dead do not contact the living. This is clear from a parable Jesus told, the story of a rich man and a poor man named Lazarus.

The rich man died and went to hell. Lazarus, the rich man's servant, also died and went to heaven. The rich man wanted Lazarus to help him warn his brothers, but God told him that there was a deep chasm fixed so that no one could cross it either way (see Luke 16:19-31).

There is no communication from the dead to the living, and what seems to be the case is merely a deception of Satan.

> The reason the Son of God appeared was to destroy the works of the devil (see 1 John 3:8).

We are told to

> "Submit yourselves therefore to God. Resist the devil, and he will flee from you" (James 4:7).

Jesus is victor over the devil. However possessed you might be, no matter what terrible acts you may have engaged in, you can be forgiven. No one is without hope.

It is Jesus Christ and Him alone who can free you from the power of the devil and his demons. You need not fear the evil spirits; those evil spirits fear the God and Father of our Lord Jesus Christ.

By the power of the Holy Spirit, you can be set free.

Concluding Thoughts

"Your adversary the devil prowls around like a roaring lion, seeking someone to devour" (1 Peter 5:8). Peter goes on to say, "resist him, firm in your faith." This then is the reason for this booklet.

Healing and peacefulness are much sought after, and strangely enough, those who contact a curandero may well experience some comfort and healing. It is no simple thing to live in this crazy world of ours, and Satan takes advantage by providing cheap miracles and periods of peace and tranquility.

Consider meditation, either yoga style or something else; there is an element of pleasure and peace here. We have observed this over and over, at the gym we go to and by talking with family and friends who so engage. Years ago now, Kent took two yoga classes that seemed fine but, in comparison to the praise, peace, joy, and worship at church, the yoga did not measure up. Yeah, some thought it was cool that I took those classes, but frankly I was bored. I would rather "turn my eyes upon Jesus and look full in His wonderful face" than sit still in a lotus position, so called, with my thumbs up against my little fingers, all the while seeking to blank out my mind. Nowhere in our Bible is such encouraged. And let it be known that there is no real peace or tranquility here.

We desire healing and we fight for this all our lives, especially as we grow older. Getting old is not for the feint of heart, but few escape this except those who die earlier than normal due to something like a sudden heart attack. No, this crazy world is our constant enemy. Do things seem to be heading downhill faster than ever?

There is a chorus that goes, as partially presented, "Turn your eyes upon Jesus, look full in His wonderful face, and the things of earth will grow strangely dim in the light of His glory and grace." We wish you could hear us singing this right now.

¿Qienés son los curanderos?

Libro #6 de la serie Little Book
Versión en español

Kent y Katie Philpott

EVM

Prólogo

Estimado lector, permítanos explicarle el porqué de este folleto.

En los últimos años ha habido un aumento en las personas que se involucran con curanderos, en su mayoría mujeres, que ofrecen peligrosas técnicas de sanación espiritual y emocional y la mayoría de ellas son hispanas. Por lo tanto, sentimos que era necesario presentar algo sobre este tema. Este folleto también se publicará en español y en Inglés.

También estamos tratando de llegar a los curanderos, tanto hombres como mujeres. La mayoría de ellos creen que sus servicios ayudan a otros y no son personas malintencionadas. Confían sinceramente en que lo que están haciendo es bueno y correcto. Rara vez entienden que están involucrados con espíritus peligrosos y demoníacos. Algunos pueden darse cuenta de la verdadera naturaleza de lo que está sucediendo, pero no saben cómo liberarse de sus identidades y actividades de «sanación» y esta es una de las razones para presentar este material.

Hace algunos años publicamos *El Viaje del Alma: Cómo el Chamanismo, la Santería, la Wicca y el Carisma están Conectados* e incluimos su capítulo sobre la Santería, porque ayudará a proporcionar un trasfondo para este énfasis presente.

Vivimos cerca de una comunidad hispana bastante grande y a menos de una milla de nuestra casa hay una botánica y aquí es donde una curandera opera una pequeña tienda llena de varias imágenes, velas, ídolos, botellas de varios aromas y mucho más. La portada de este folleto muestra un interior típico de la botánica.

El punto es que estamos viendo un poco de invasión de prácticas orientadas al ocultismo y psíquicas ahora en California, pero en muchos otros estados del país y es probable que pocos entiendan lo que todo esto implica. Por lo tanto, se nos ocurrió la idea de publicar un folleto sencillo y económico que pudiéramos repartir a otros.

En nuestra pequeña iglesia, la Iglesia Bautista Miller Avenue Church en Mill Valley California, ahora tenemos un servicio de habla hispana los Domingos por la tarde, dirigido por Juan Carlos y Rocío García. Ayer mismo hablamos con Juan Carlos sobre este alcance él y su esposa también están muy de acuerdo con esto.

Lo que a menudo lleva a los hispanos a los curanderos es el costo de una cosa, luego la necesidad de obtener ayuda de una manera que han experimentado y también la comprensión de que esta es una práctica aceptada en el lugar de donde vienen.

Aquí está la conclusión: Comprometerse con «sanadores» que dependen de la intervención mágica de espíritus y otras entidades para traer salud y plenitud resultará en una invasión de espíritus malignos demoníacos. Es chamánico hasta la médula, el medio en que entra en su estado de trance y se conecta con otras entidades que se cree que trae curación física o emocional.

Este esfuerzo nuestro no es un ataque a la cultura, la religión o la sensibilidad de otro pueblo, sino que es una señal de advertencia de que hay una conexión maligna con todo ello. Como seguidores de Jesús, con el mandamiento de amar a los demás, estamos obligados a tomar una posición tan amorosa y gentil como podamos.

Un poco de historia

Curanderos es un término originario de los días en que los españoles comenzaron a colonizar América Latina y se refería a una mezcla de las prácticas médicas de la población indígena y los rituales católicos. También estaba la influencia de lo que se conoce como santería, un término que significa vagamente "esa cosa santa", traída a esa parte del mundo por esclavos de África occidental. Provenían en su mayoría de las tribus yorubas, trayendo el culto a sus dioses Orisha y ocultaron su paganismo de los sacerdotes católicos cambiando el nombre de esos dioses con nombres de santos católicos.

La palabra "curandero" se deriva de la palabra española para "curar" y por lo tanto, se refiere a un especialista en medicina tradicional. Un curandero es alguien cuyo motivo es ayudar a las personas a recuperar la salud y administrará remedios chamánicos y espiritistas para enfermedades mentales, emocionales, físicas y espirituales. El curandero puede incluso revertir la magia negra.

El uso de oraciones católicas y otros préstamos a menudo se encuentran junto con elementos religiosos nativos. Muchos curanderos enfatizan su espiritualidad nativa en la curación mientras también son católicos practicantes.

Al principio, los curanderos se encontraban principalmente en poblaciones amerindias, pero en tiempos más recientes se han trasladado a los Estados Unidos propiamente dichos. Y hay varios tipos diferentes de curanderos. Por ejemplo, hay quienes trabajan con hierbas, tabaco y ayahuasca, que es un psicodélico a base de plantas. Hay quienes se especializan en el peyote, que proviene de un cactus sin espinas que contiene alcaloides psicoactivos, particularmente mescalina. Otros dependen de la oración o el masaje. Y luego están los brujos y a menudo se les llama "curanderos por la fe".

Aquellos hispanos que han llegado recientemente a los Estados Unidos y que aún no dominan el inglés probablemente recurrirán a curanderos con los que pueden comunicarse más fácilmente que con el personal médico estadounidense que podría no entender el "enfoque espiritual" utilizado por los curanderos, que son apreciados por su supuesta capacidad de expulsar espíritus malignos que podrían residir en el cuerpo de alguien y hacer una limpieza espiritual completa. Otro factor es que los curanderos, que suelen operar desde sus casas, no son tan caros como los servicios médicos estándar.

Muchos de los que están acostumbrados al tipo de medicina que traen los curanderos no creen que la medicina occidental moderna pueda ayudar a lidiar con el miedo, el susto, los espíritus vampíricos, la brujería o la hechicería, el mal ambiente, el mal viento, el aire caliente, el aire frío, el mal vecino, las malas intenciones, los pensamientos negativos y más. Pero el curandero puede tratar las malas consecuencias de los encuentros con un duende, una criatura espiritual.

Para todas las enfermedades mencionadas anteriormente, sólo un curandero puede realizar una "mal limpieza", es decir una purga del mal. Este tratamiento puede involucrar azúcar, licor, agua bendita, perfume, huevos, pollos, conejillos de indias, el cráneo de un perro, la sangre de una paloma, la cabeza de una muñeca, plantas o algún otro objeto de "poder". Se dice que estos también limpian los hogares, y una vez que se usan estos materiales, se desechan para evitar que otros se dañen.

Además del hecho de que los curanderos tratan algunas condiciones físicas y mentales mediante prácticas no médicas, como bañar a la persona enferma con pétalos de flores de ciertas plantas consideradas con propiedades curativas, hay varios otros aspectos preocupantes en estas prácticas de curandero. Una es que las enfermedades en cuestión pueden estar relacionadas con espíritus malignos.

Se piensa que el curandero es capaz de entrar en otras dimensiones donde busca soluciones a la enfermedad o problema de una persona. Esto implica entrar en un estado de trance y viajar mágicamente a una fuente donde se puede encontrar la curación. Esto es idéntico a lo que hace el psíquico o chamán cuando supuestamente entra en un mundo místico donde abundan los espíritus. Sin embargo, estos espíritus son impíos, no provistos por el Dios de la Creación, sino por ese ángel caído, Satanás.

La pregunta que debe hacerse, entonces, es si el curandero está poseído por demonios, y si éstos son luego transferidos al paciente. Es bien sabido que los curanderos a menudo eran identificados como brujas o como aquellos que lanzaban hechizos, y esto a menudo los llevó a ser perseguidos.

Los duendes se dice que los curanderos son los únicos que pueden lidiar con los duendes, criaturas espirituales que se encuentran de la misma manera que las culturas populares ven enanos, ninfas, duendes u otros "seres espirituales". La palabra duende se refiere a un espíritu en el folclore español, portugués y filipino y literalmente significa fantasma, duende, demonio o espíritu en español. Así, los duendes se asocian con poderes espirituales o sobrenaturales.

Se cree que los duendes tienen el poder de otorgar a las personas fortuna y éxito y, a menudo, favorecen a aquellos en quienes ven un potencial innato. Un duende puede optar por dejar de bendecir con fortuna a aquellos que habita si caen en desgracia.

En el folclore hispánico de México y el suroeste de Estados Unidos, los duendes son conocidos como pequeñas criaturas parecidas a gnomos que viven dentro de las paredes de las casas, especialmente en las paredes de los dormitorios de los niños pequeños. Se dice que debido a los trucos del duende, algunas chicas han quedado mudas e incluso mentales. Si las muchachas no prestan atención al duende, entonces él las persigue, tal vez arrojando pequeñas piedras a sus ventanas por la noche y también puede arrojarles estiércol de vaca.

Se cree que un duende es beneficioso, neutral o malicioso, y requiere la ayuda de un curandero para una persona que ha tenido consecuencias negativas con un duende duendecillo, diablillo, hada, duende, brownie, enano, gnomo o troll.

Curanderismo

Primera parte

En la edición del domingo 17 de diciembre de 2003 de The New York Times, página 15, hay un artículo titulado: "En la frontera de Texas, el antiguo arte de curar entra en la era moderna".

El artículo afirma que durante generaciones, las comunidades hispanas a lo largo de la frontera sur han recurrido a las curanderas o curanderos populares. Una curandera (forma femenina que significa curandero) se imaginaría como "una anciana encendiendo velas con íconos religiosos operando en las sombras de la sociedad desde chozas oxidadas". Pero esa imagen está cambiando ahora y *el curandismo*, la práctica de la curación ancestral ha entrado en la era de Instagram. De hecho los más jóvenes están imitando y reproduciendo las prácticas de sus abuelas, se les puede observar realizando *limpieza*, incluso en playas públicas. Una limpia o limpieza espiritual es un ritual utilizado para limpiar el cuerpo, la mente y el alma de la negatividad. Se cree que elimina la mala suerte, los bloqueos, las confusiones, el mal karma, la brujería, las maldiciones y desequilibrios generacionales, y ayuda con las adicciones, las fobias y los miedos.

(Nota del autor: Los elementos comunes

son velas llamadas limpias, que se parecen a Nuestra Señora de Guadalupe. "La Limpia" significa "la limpieza" y está profundamente arraigada en los antepasados aztecas, quienes creen que todo en este mundo tiene un espíritu, algo bueno y algo malo. Y aquí está el asunto de todo: sin saberlo, personas bien intencionadas son llevadas a la presencia de espíritus demoníacos, lo que puede resultar en ser poseídas y manipuladas por ellos y esta es la razón para escribir este folleto).

Cuando los conquistadores españoles llegaron a América Latina y México hace siglos, los pueblos nativos "comenzaron a mezclar rituales indígenas con elementos del catolicismo", incluidas influencias de las tradiciones folclóricas asiáticas y africanas. Con el tiempo esto se extendió a través de la frontera hasta Texas y más allá.

(Nota del autor: Las influencias posteriores de Asia y África a través de esclavos traídos contra su voluntad se mezclaron con las prácticas católicas e indígenas y se conocieron en el nuevo mundo como Santería, traducida libremente como "La Cosa Santa". Aquí en este folleto se incluye una presentación de la santería de nuestro libro *El Viaje del Alma: Cómo el Chamanismo/Santería, la Wicca y el Carisma están Conectados.*

Para muchos, especialmente en los EE.UU, la atención médica era demasiado costosa, lo que resultó en recurrir a las curanderas, cuyos métodos de curación a menudo incluían prácticas ocultas/psíquicas.

El colaborador del New York Times afirma: "El curanderismo se ha vuelto tan aceptado en el Valle del Río Grande que no es inusual ver letreros en las calles y anuncios de televisión que anuncian servicios de curación popular".

> (Nota del autor: Una curandera a medida que crecía en sus prácticas curativas, creyó que estaba trabajando con el Ángel de la Muerte, Azrael. Nuestro punto de vista de esto es que el llamado ángel era de hecho un espíritu demoníaco y no está claro si esto encaja en sus puntos de vista católicos, pero está claro que las representaciones de santos y personajes católicos se emplean comúnmente en el curanderismo).

Segunda Parte

> (Nota del autor: A continuación se presentan representaciones del curanderismo que se encuentran en Internet, concentrándose en el artículo de Wikipedia sobre "Curandero", parte de su serie sobre "Medicina alternativa". Hemos elegido este proceso para evitar la

acusación de que nosotros, los autores simplemente investigamos material de orientación cristiana).

1) En muchas comunidades hispanas en los Estados Unidos, así como en México y partes de América Central y del Sur, las personas a menudo recurren a los servicios de un curandero o curandera. La curandera (esta es la forma femenina, la masculina termina con la –ero) es alguien que practica el curanderismo, la curación espiritual basada en el uso de hierbas y remedios tradicionales y a menudo se considera un líder en la comunidad local. La curandera de tu vecindario es la persona a la que acudes para una enfermedad no diagnosticada, especialmente cuando esa enfermedad puede tener orígenes metafísicos o sobrenaturales.

Al igual que la curación popular en otras partes del mundo hay una serie de influencias culturales y sociales que colorean la forma en que la curandera es vista por otros miembros de la comunidad. Por lo general se cree que una curandera es alguien a quien Dios mismo le ha dado el don de la curación, recuerde que la mayoría de los países de habla hispana son fuertemente católicos.

2) Un curandero es un especialista en "medicina tradicional" que puede contrastar o complementar la medicina occidental. Dicho esto, alejarse de la medicina occidental moderna significa que el curandero confía en remedios chamánicos y espiritistas para

enfermedades mentales, emocionales, físicas y espirituales.

Algunos curanderos usan hierbas simples, agua e incluso barro para realizar sus curas. También se utilizarán muchos elementos católicos, como agua bendita, imágenes de santos, oraciones católicas y otros préstamos. Y muchos de los "pacientes" son católicos practicantes.

> (Nota del autor: No queremos denigrar el catolicismo, de hecho la mayoría de los católicos, rechazan la santería).

3) El Curanderismo es una mezcla entre los Nativos Americanos y las raíces españolas. También es una mezcla de veneración e incluso de adoración de las Imágenes Católicas y los numerosos dioses de África—prácticas espirituales de África fueron traídas a Sudamérica para ser vendidas como esclavos. Esta práctica entremezclada con Catolicismo se reconoce como santería. A los curanderos, se les atribuía dirigir las energías espirituales de las diferentes sustancias. Estos practicantes eran expertos en entrar en trance, recibir energías espirituales y comunicarse con los espíritus.

> (Nota del autor: Esta última habilidad llamada "comunicarse con los espíritus", es el núcleo de nuestra preocupación. Estos son en efecto, espíritus, pero no son santos ni

siquiera benignos; Son espíritus malignos o demonios. ¿Cómo se puede verificar esto? Lo sabemos por nuestra experiencia personal durante décadas de llevar a cabo lo que se conoce entre los cristianos como "ministerio de liberación". Comúnmente nos enfrentamos a estos demonios y los vemos expulsados. Estos espíritus a veces incluso suplican que no se les envíe al infierno. Varios de nuestros libros publicados sobre el tema están disponibles (vea la lista al final de este libro).

4) "Curar" significa curar y se dice que emplea un enfoque holístico de la curación, que abarca la mente, el cuerpo y el espíritu y un curandero es un curandero tradicional que trabaja en los niveles espiritual, material y mental. Es alguien con un *don* o don, para ayudar a otros que sufren de diversas formas de enfermedad que la medicina occidental no puede tratar o cuyo tratamiento está más allá de la capacidad financiera de aquellos que están sufriendo.

Esta forma de atención se está expandiendo a un grado increíble ahora que tantos están llegando a Estados Unidos y otras naciones occidentales para escapar de las condiciones en América Central y del Sur.

(Nota del autor: En nuestra pequeña Iglesia Bautista en la avenida Miller en Mill Valley, California, tenemos un alcance a las personas de habla hispana bajo el liderazgo de Juan

Carlos y Rocio García, él es originario de México, ella de Guatemala. El propio Kent ayudó a establecer una iglesia en un barrio llamado Natividad, al este de la Ciudad de México, en la década de 1970, y pronunció un sermón en español. Kent también es entrenador de fútbol americano y béisbol en la escuela secundaria, y la temporada pasada, el 70% del equipo de fútbol americano Junior Varsity eran hispanos).

Aquí hay una cita interesante de Internet, sin autor y ligeramente alterada aquí para llenar los espacios en blanco. "Fusión de la medicina tradicional y alopática, el curanderismo ha influido en el renacimiento de la medicina alternativa, contemporánea, holística e integrada y asciende a unos 21 mil millones de dólares en gastos de consumo".

Parece que las prácticas de una cultura, lugar de nacimiento e identidad anteriores influyen en quién busca los servicios de curanderos psíquicos, especialmente si el tratamiento médico no se logra fácilmente. Se dice que tal "no puede hacer daño, podría ayudar". Y aquí está el problema fundamental: *dolerá* y dramáticamente. ¿Por qué?

Porque el poder espiritual que está presente con los curandros está conectado y dirigido por espíritus demoníacos.

De esto se trata este folleto: La triste realidad es que la conexión con un curandero es la conexión con los espíritus malignos que están bajo el control del demonio principal, Satanás mismo.

No estamos simplemente señalando el error, sino más bien el peligro supremo, la posesión por espíritus demoníacos. El curandero estará bajo la influencia de estos demonios, aunque la mayoría de los practicantes no serán conscientes de ello, pero eso es lo que está al acecho siempre presente alrededor del curanderismo. Por lo tanto, cuando una persona acude al curandero está en presencia del mal y puede ser invadida por esos demonios.

Santería—
¿Sabes lo que es?

Nota: Incluimos el siguiente ensayo sobre la santería relevante para la discusión sobre los curanderos debido a sus orígenes comunes y mezclas de prácticas medicinales indígenas tradicionales y rituales católicos. En el caso de la santería, los orígenes indígenas estaban en África, mezclados con influencias católicas hispanas cuando los esclavos africanos fueron traídos al Nuevo Mundo a bordo de barcos. A pesar de que los curanderos no afirman tener parentesco o una estrecha relación con la santería, las influencias son paralelas y están relacionadas, especialmente en lo que se refiere al enfoque espiritista.

****

La Santería ha existido durante 400 años y está creciendo rápidamente. En efecto se estima que sobre 100.000.000, pero ese recuento se hizo hace diez años. Los números han sido alterados debido a los cárteles de droga mexicano que se dibujan en él. Bajo el nombre de La Santa Muerte o el Santo muerto, esta rama de la Santería se utiliza para evitarse así mismos de ser sorprendidos cuando cometan delitos, para evitar la prisión y para protegerse de las balas y cuchillos.

En muchos sentidos, Santería es la magia de la selva

vestido de vida urbana y está creciendo rápidamente en algunas de las grandes ciudades de Estados Unidos como Nueva York, Miami, Chicago y Los Ángeles. Durante la tercera semana de enero de 2012, hubo doce "botanicas" (botánicas) abiertas para hacer negocios en el Valle de San Fernando de Los Angeles. Incluso hay una botánica en el condado de Marin, uno de los condados más prestigiosos y ricos de los Estados Unidos. Una botánica es una tienda donde se compran los productos necesarios para la realización de los complejos maldiciones, hechizos, rituales y ceremonias de desmenuza.

La Santería desea quedarse bajo el radar; es una religión muy reservada. Teniendo en cuenta los sacrificios de pollos, cabras y otros animales y a veces beber la sangre de los animales, los practicantes

Los jóvenes son particularmente atraídos a la Santería para sentirse atractivos y valientes. Es muy religiosa y muy espiritual y según los objetivos son alcanzar o atraer la riqueza, la salud y la prosperidad, los temas que conducen a muchas de las religiones del mundo, incluso en algunos rincones del cristianismo evangélico.

Los seguidores de la santería dicen que su religión no es acerca de poder o dinero, más bien es una forma de mejorar la vida de sí mismos. Esa defensa es comprensible, pero las pruebas simplemente no lo admiten. Esto se tendrá más claro a lo largo del camino.

Orígenes

Los orígenes de la magia y los ritos de adivinación es volver a tribus africanas West habla Yoruba, principalmente las que se encuentran a lo largo de las orillas del río Níger, en Nigeria. Los 18th y 19 comerciantes de esclavos de siglo deth , en traer oeste africanos al nuevo mundo, también trajeron lo que iba a ser conocida como Santería a América, principalmente a las islas del Caribe desde donde se extendió, tanto del Norte en otras partes del Caribe y Estados Unidos y del Sur en México, América Central y América del Sur. En Cuba se conoce como Lucumi, en Brasil o Macumba o candombe (o Condonble), y en Puerto Rico, la República Dominicana, Trinidad y México pasó a ser conocida como Santería. En distintos lugares los nombres para los ritos también cambiaron y en Haití los ritos mágicos se denominan Voodoo o Voudun. Vudú y Santería desarrollaron diferencias con el tiempo, pero el enfoque es la mismo--tranquilizadoras de dioses, espíritus y demonios, incluso el Diablo hace la oferta de los fieles. Algunos observadores sostienen que vudú y Santería básicamente son ahora dos sistemas religiosos diferentes.

Existen diferencias significativas entre la religión Yoruba y Santería. Cuando los esclavos llegaron las cosas del nuevo mundo cambiaron, como por ejemplo, en el número de dioses adorados. Cuando la religión africana llegó a Brasil se transformó en lo que ahora se llama candombe o Macumba. En Trinidad se conoció como Shangó. La religión fue llamada Santería en Cuba, desde que emigraron a Puerto Rico, República Dominicana, Venezuela, Colombia, Argentina, Panamá y otros países.

Santería proviene de la palabra española para "Santo". Cuando los esclavos africanos en el nuevo mundo se dieron cuenta que sus amos no entendían ni apreciaron sus ritos mágicos religiosos, simplemente dobla su sistema mágico en el imperante culto de la Iglesia Católica. El proceso se denomina sincretismo, que es mezcla de sistemas de la competencia con una creación resultante de una nueva identidad en nombre y práctica.

Dioses de Santería

Los dioses Yoruba conforman una estructura muy compleja no a diferencia del Panteón de los griegos antiguos días. Sus deidades son conocidas como **orishas** y finalmente fueron nombres tomados de los Santos católicos. El carácter de los orishas recuerda a uno de los dioses griegos y diosas que fueron divinos pero realizadas sobre cómo los seres humanos se comportaron mal. En África la lista de los orishas supera 600, mientras que en América Latina se redujo el número a entre veinte y veinticinco. Estos orishas tienen nombres africanos: Eleggua, Orunmila, Obatalá, Oddudua, Chango, Oggun, San, Aganyu, Babalú-Ayé, Osain,

Yemayá, Oshun, Oya, Orisha-Oko, Yewa, Dadá, Ibeyi, Oba, Inle y Osun. Una doctrina clave de la Santería es que cada persona tiene un orisha gobernante, incluso si esa persona nunca aprende el nombre de los Orishas o incluso nunca practica la Santería.

Algunos seguidores de la Santería afirman que es una religión monoteísta, porque los dioses Orishas nombrados anteriormente sólo son secundarios al Dios final, increado, eterno, todopoderoso y totalmente trascendente, Olodumare. Olodumare tiene el **ashe** o el poder, y los orishas dispensar al ashe o el poder, si son correctamente respetados y adorados. Ashe es el poder que hace las maldiciones, hechizos, y otros rituales de trabajo.

Los orishas se dice que tienen potencia que es impresionante y visualmente evidente, pero el culto a un orisha no es fácil, porque exigen obediencia estricta y entrega total. Dado el tiempo suficiente, las demandas de la orisha dominan la vida del practicante al punto de tortura.

Para los santeros, los dioses no son realmente lo que piensas como dios si no son considerados "hijos" o sirvientes de Olodumare. Los orishas entonces no son adorados como dioses, sino como Ángeles guardianes, y es aquí que el sincretismo entre las enseñanzas de Yoruba y el catolicismo son dramáticamente aparente.

Santería es típico de lo que ha ocurrido tantas veces

en la entrada de diferentes pueblos con diferentes sistemas de creencias--hubo una combinación de sistemas. Con Santería, todas las deidades Yoruba se identifican con los Santos católicos. La Santería se convirtió entonces en una mezcla de la religión Yoruba con muchas de las tradiciones de la Iglesia Católica. A menudo los practicantes mezclan las dos donde ellos no reconocen dónde se detuvo y comenzó la otra.

El impacto de la Iglesia Católica a la Santería

El plegamiento de las creencias religiosas del pueblo Yoruba en la fe católica había forjado consecuencias de largo alcance. La magia primitiva es el origen de la Santería. En el nuevo mundo, se practicaba la religión Yoruba en el bosque, lejos de miradas indiscretas. Es por esta razón, la necesidad de ocultar la brujería religión de los esclavos, que conduce a la plegable de Santería en las prácticas católicas y celebraciones.

La transición se logró fácilmente ya que los mecanismos principales de pensamiento mágico ya estaban en el lugar en el sistema católico. Considere lo siguiente:

1) Sacerdotes católicos reciben la ordenación de los previamente ordenados, supuestamente volviendo a Pedro. Esto es esencialmente un concepto de santería donde se ejercen determinadas competencias de los sacerdotes, adquiridos a través de la ordenación, en

ritos religiosos. Esto es evidente en el poder del sacerdote para convertir agua ordinaria en "agua bendita" y convertir el pan en la carne real de Jesús y el vino en la sangre real de

Jesús. No fue un gran paso para adoptar el sistema de creencias Yoruba. Después de todo, la Santería es acerca de cómo obtener poder o ashe, de los Santos.

2) Santos Catolicos, incluida la Virgen María, a quienes en la Iglesia Católica y estos se piensa poder otorgar ciertos favores, incluida la protección contra accidentes y lesiones. Los Santos de la iglesia tenían un poder que podría ser aprovechado. En la Santería, los ritos de la iglesia fueron simplemente copiados y modificados, y el resultado fue el mismo.

3) El concepto de la Iglesia de un alma inmortal sentó las bases para la doctrina de santería de la reencarnación. Con la reencarnación, el alma vive y no hay ninguna consecuencia real por mal comportamiento excepto quizás tener que experimentar una existencia menor la próxima vez alrededor. Esta posibilidad impactó a mucha gente, como consecuencias son tan brumosas y están lejos de ser no es ninguna amenaza de juicio real.

4) La masa—este rito sacrificial, la continua recreación de la crucifixión de Jesucristo, previstos la caída posterior los sacrificios de animales ubicuos de Santería. Si los ritos de la iglesia se centrarán en los sacrificios y

el sistema sacrificial de Santería legítimamente podría caer justo en la línea.

Debe señalarse que la Iglesia Católica no respaldó la santería y en gran medida intentó refutarlo (pararlo), pero la Santería fue tan influyente en muchos lugares como hasta el día de hoy, hubo un synchronización deliberada de los dos sistemas. Esto es especialmente cierto en países como Cuba y Brasil.

También es característico que los Santeros son miembros de la Iglesia Católica, a menudo muy fervientes fieles bautizados y fieles. Esto ha cambiado un poco ahora como pueblo judío ha empezado a practicar la Santería, y se opusieron a un bautismo cristiano de cualquier tipo. Puede ser que los judíos que practicaban Kabballah esotérica del judaísmo encontraron un vínculo entre los que y Santería.

Esencialmente, la Santería es el culto de los Santos

La santería se denomina sistema natural mágico-religioso. De hecho cada uno de los orishas (Santos) se identifican con una fuerza de la naturaleza. Una vez más, los orishas tienen poder: ashe - y pueden obligar a adorarle.

Las diversas formas de la religión, los rituales y hechizos, se llevan a cabo para obtener ashe (poder) de los orishas, según con estos poderes todos los problemas pueden ser resueltos por ashe, enemigos destruidos, poder de amor y riqueza asegurada, incluso por medios ilegales.

Ebbó o sacrificio, es la pieza central de la adoración de los Santos y orishas y que se obtiene la forma ashe (poder) y potencia. Es el sacrificio adecuado—quizás de frutas, flores, velas, otros alimentos favoritos o incluso la sangre de un animal, se cree que así se mueve el orisha para darle ashe (poder). Los ebbos o sacrificios, son complejos rituales y la especialidad de los santeros o santeras, los hombres y mujeres (en su mayoría hombres) que sirven como los sacerdotes de la santería y que realizan los ebbos pretende aplacar o propiciar el Santos o orishas.

Debe señalarse que en África los Yoruba aplacaron las fuerzas del bien y del mal, el mal llamado ajogun y el bien llamado los orishas. Pero sólo las buenas fuerzas, llamadas de Santería, son adoradas—los orishas.

Una de las creencias fundamentales de la Santería es el destino que comienza antes del nacimiento. El alma, cuyo origen está en la casa de Dios o cielo, vive y en muchas reencarnaciones. En cada nacimiento, una persona tiene un destino específico que cumplir. Esto, por supuesto, es contraria a la doctrina católica.

La Santería es también altamente rígida y formalizada porque depende la realización precisa del ritual de magia. Y el santero es obediencia más allá de la cuestión, como él sabe todo y tiene la respuesta para todo. Se dice que el santero no hace nada más que realizar los deseos de los Orishas. Los santeros consideran la presencia de la vida real de los orishas, y se dice que los orishas "son amantes a amigos pero enemigos terribles".

El sumo sacerdote de Santería

El Babalawo—el sumo sacerdote de Santería—es sincretizada con San Francisco de Asís. *Baba* significa a padre; *Awó* significa adivinación. Esta entidad se dice que el juez de la santería es consultado cuando resulta difícil un caso.

El Babalawo, siempre masculino, utiliza tres diferentes formas de adivinación para determinar lo que queda por hacer: el opele, el opon ifa y el ikin. Las tres implican ritos elaborados para determinar los medios correctos para resolver casos problemáticos. Los tres determinan qué Ebbó o culto ofrecer a los Orishas.

El Diloggun

El diloggun es un sistema de adivinación, a menudo realizado con conchas de Cauri, conocidos como "las conchas," que se producen en el suelo o una tabla, y su alineación determina qué tipo de sacrificio es por el adorador que busca a ashe por algún motivo u otro.

Culto a los ancestros

También es central a la Santería culto a los ancestros. Familiares fallecidos son conocidos como "Egun" y estos Egun deben aplacarse o "alimentarse" antes de que se pueda realizar cualquier ceremonia dirigida a los orishas. Aquí se observa una conexión con La Santa Muerte, el culto a los "muertos Santos".

El asiento

Hay una serie de iniciaciones; uno de ellos se llama los Guerreros, que es el español para los guerreros. En esta iniciación uno recibe varios orishas que realmente se dice vivir por la puerta principal de la persona y necesitan ser tratados de alguna manera al menos cada lunes, pero quizás más a menudo, dependiendo de lo que se decretó por las conchas.

Iniciación de otro es el Ilekes o collares (Collares en español). Collares reales drapeados alrededor del cuello del iniciado. Los Ilekes son sagrados y un signo de la presencia de orishas y protección. Los Santeros suelen decir que la ceremonia del collar es equivalente a la ceremonia de bautismo. Recibir los collares es una entrada ceremonial a la religión como un seguidor de los orishas.

Asiento es una palabra usada para describir la naturaleza básica de una iniciación. La palabra significa "asiento" y revela la realidad de la Santería.

Los santeros hacen la iniciación y la primera tarea es determinar por medio del diloggun (conchas) que es el orisha personal de iniciar. Ese orisha se dice que vigilará a la persona iniciada a lo largo de su vida y los protegerá. Así el orisha será solicitado constantemente por el nuevo miembro. En el nuevo mundo, el mundo de habla hispana, el orisha se conoce por el nombre del Santo, y cada uno de los orishas nombre del Santo. Luego se hicieron llamamientos al orisha para lograr sanación y riqueza, hechizos y realizar otras formas de magia.

El resultado del asiento es que el inicio es "montado" por el orisha, como un jinete monta un caballo. El iniciado se convierte en la sede de la orisha que toma posesión de él o ella.

Aquí es posible ver la verdadera naturaleza de la Santería. El orisha no es Dios, Santo o Ángel Guardián; el orisha es un espíritu inmundo o mal. Aquí es donde la fachada de la Santería se rompe y su verdadero rostro es evidente. El orisha es un demonio, como son el Egun, los llamados muertos Santos.

Los Egun son los espíritus de los muertos y asociados con los Egun son todos los espíritus asignados a una persona para protección y orientación. Por lo tanto, hay un montón de espíritus impuros o malas que invaden la vida del iniciado que ha sido montado en el asiento. Después de un tiempo, habría una cantidad considerable de espíritus involucrados--una legión de demonios en realidad.

Orishas no son fuerzas ocultas o remotas; participan en la vida cotidiana de la persona. Orishas hablará "cara a cara", en que pueden ser hablados y hablaremos de nuevo. Es esta interacción en tiempo real con el que cuenta para el rápido crecimiento de Santería orishas.

Después de completar el asiento, el iniciado se dice que nace de nuevo y recibe un nombre nuevo. Es claro que la santería es una contraparte inteligente o mejor falsa al cristianismo bíblico, en donde se posee al creyente por el Espíritu Santo en la conversión.

Magia

La Santería se basa en lo que se llama simpático, imitaciones o magia homeopática. Esta forma de magia se centra en las llamadas leyes de similitud y contacto.

La forma de similitud de magia puede describirse como "como produce como". Por ejemplo, cuando un hechizo o maldición puede convertirse en un enemigo, entonces se hizo una figura para simular o ser similar al enemigo, generalmente hechos de cera. La figura simulada es torturada, apuñalada y así sucesivamente. Pase lo que pase a la figura de cera se espera que ocurra de manera similar a la víctima del hechizo o maldición. A menudo una piedra proviene de un enemigo, entonces que puede piedra es pateada alrededor de la casa o en el camino, y qué castigo recibe la piedra la víctima pretende recibir así. Esto hace recordar un vudú.

Contacto magia es la forma en que es hecho con un objeto perteneciente a o asociado con el tema del hechizo contacto físico. El efecto sigue siendo largo finalizado el contacto. Por ejemplo, si algo que pertenece al objeto, una pieza de ropa o un zapato, es adquirido, entonces el propietario puede influir. Esta forma de magia piensa conseguir amor, sexo o algo que pertenece a la víctima o un tema.

La fe es necesaria para la magia al trabajo, la fe en el poder de los Santos, los orishas.

Magia negra es el término usado cuando un daño a una víctima es destinado; magia blanca es el término para cuando, por ejemplo, se solicita el amor. La diferencia es artificial; la intención del demonio es asegurar el culto del pueblo Santería por encima de todo y se parece hacer bien para recibirla. Sí, se producen milagros demoníacos.

Los Santeros, a continuación, intentará hacer una distinción entre la magia del bien y del mal, pero en realidad tales diferencias no son reales, porque no hay ninguna buena forma de magia en todos (no confundir con artimañas de mano trucos o ilusiones de artistas). De hecho, toda la magia de la ordenación de la Santería es mala y funciona sólo por poderes demoníacos. La naturaleza mágica de la Santería se expone de esta manera a alguien que está fuera de él, pero para quienes están comprometidos a ello, parece lógico y natural.

La séance

La séance es la masa espiritual de la Santería. Los participantes se sientan alrededor de una mesa, a menudo envuelta en el remolino puro humo, que se supone que tiene un efecto de limpieza, similar al agua "Santa". Tras la lectura de ciertas oraciones de limpieza, a menudo de un libro escrito por Allen Kardec, un espiritualista francés, los espíritus de varios Egun empezarán a aparecer y realmente interactuar con los participantes. A un escéptico tal revelación es abrumadora. El Egun aparecerá físicamente caminando alrededor de la sala, de ojos abiertos y habla con los sentados alrededor de la mesa. Se parecen mucho como entidades vivientes, no personas de carne y hueso, pero las entidades que están caminando y hablando.

Los santeros han observado que el Egun en la séance se habla gutural (sonidos graves o roncos) a menudo utilizando palabras africanas con un acento español y tratan a los participantes como si fueran sus esclavos.

El Ebbó o oferta y los sacrificios

El santero hace la oferta (Ebbó) para el orisha para obtener a ashe (poder) la potencia cósmica, para trabajar en favor de su cliente. El santero cobra una cuota monetaria para ello, el derecho y el proyecto de ley para el trabajo del santero puede ser bastante caro.

Existen básicamente tres tipos de sacrificios de animales. El primero es la limpieza ritual: el santero frota un animal sobre el cuerpo de un cliente angustiado, quitando así el origen del problema, después de que él sacrifica el animal. Él debe deshacerse del cuerpo del animal; no puede consumirse.

En segundo lugar son ofrendas a los Egun o orishas. Algunos de estos animales pueden consumirse, otros no.

En tercer lugar están las ofertas de asiento, donde la sangre de un animal sacrificado se ofrece a los Santos. Esto implica derramamiento de la sangre del animal que se celebró en una taza o en otro buque. El animal siempre se come después, porque se cree que fue el ashe del orisha en ese animal.

El Bataa y el Tambor

Los bataa son tambores que se utilizan para ritmos inusuales sonidos conocidos como una "conversación". La batería se juega en "fiestas de santos," que son partes en honor de los orishas. El partido es conocido como un tambor, tambor español. Hay tres tipos diferentes de tambores y cada tambor es pensamiento vivo o tiene un alma. El tambor está pensado para hablar con una voz peculiar a sí mismo y se cree que son las voces de las entidades espirituales de gran poder.

Los bateristas intentan batir una voz que insulta a los orishas bajando al tambor y poseer a los iniciados.

En el tambor, convertido en poesía bailarines o personas especialmente designadas, que es evidente para los asistentes. Las personas poseen a menudo hacer cosas escandalosas, incluso realizar actos que requieran gran fuerza que sería imposible sin la posesión. Estas posesiones sirven como evidencia directa de contacto con poderes sobrenaturales y son muy convincentes para los espectadores.

En el tambor, cuando se sacrifican animales, los santeros beben la sangre de un animal sacrificial como viene echando. Se dice que el santero no es beber la sangre pero que el orisha que posee el santero es realmente ser alimentado por la sangre.

Una nota sobre el tambor: grupos de hombres tocando la batería son un medio de atraer nuevos miembros a la santería y puede encontrarse en muchas universidades de Estados Unidos.

Olosi

En la Santería, el Diablo es conocido como Olosi.

Brujería o magia negra no se practica comúnmente en la Santería, pero esto depende a menudo del santero.

Quienes practican el Palo Monte o Palo Mayombe son los que se dedican directamente a la brujería y magia negra, incluso la adoración directa de Satanás.

Allí se dice que es buen Palo o Christian Mayome y Mayombe malo, o judío o unbaptized. En buena forma Santa se utiliza agua y en las malas, esto es donde participan personas que no han sido bautizados en la Iglesia Católica--que podría ser judía o alguna otra religión que no reconoce la iglesia.

Estructura cuádruple de Santería

Según Migene González-Wippler del libro *La religión de la Santería*, es una estructura cuádruple de Santería: comunicación, posesión, contacto divino y transformación.

La comunicación tiene lugar a través de la posesión, que es el contacto con lo divino, y ese contacto trae transformación.

La posesión tiene lugar durante el trance similar o alterados Estados de conciencia que se derivan de los ritmos drummed. La posesión trae comunicación, contacto real con los espíritus, después de que uno nunca será el mismo. Cuando ocurre la posesión, la persona iniciada se dice ser poseída por su Ángel de la guarda u orisha de la sentencia. Esto se conoce como sentarse o subirse al santo. El individuo poseído actúa y funciona como si fuera la personificación de la orisha.

Esta estructura es un grado exacto. El espíritu de posesión, que es de hecho un demonio, en contacto con el individuo, se comunica con él o ella y transforma ese individuo. Es posesión demoníaca institucionalizada como una religión aceptable. La exposición de tal es la razón para la escritura de este ensayo.

El poder y la fuerza detrás de Santería

La Santería es una religión en la que el Diablo recibe culto de personas. Los orishas son entidades reales, espíritus demoníacos, pero quienes participan en la Santería no siempre saben esto. Para muchos de los miembros de la Santería, creen que sus prácticas son simplemente una extensión de su religión católica.

Muchos santeros y santeras actúan diferente, sin embargo, después de un período de tiempo, reconocen que están en contacto directo con el Diablo y sus Ángeles.

Extrañamente, incluso ellos saben de "Cristo Jesús de Nazaret", que como ellos dieron lugar a esos espíritus solo Jesucristo puede conducir los orishas y el Egun fuera de ellos.

Alimentación, salud, riqueza y prosperidad son ciertamente deseables pero no el propósito ni el objetivo de la vida, cuál es conocer a Dios y glorificarlo. hacer actos mencionados como todo lo anterior no haría nada más sino engañar y distorsionar el receptor. Y aunque todo el mundo puede ganar, todavía representa un juicio justo por delante. Los orishas y los Santos muertos todos los anfitriones de Satanás sólo convertirán un infierno para siempre.

Este ensayo fue escrito para advertir a quienes se dedican a la Santería a huir y los poderes demoníacos que practicarlos. Los miembros de la Santería darán testimonios sobre cómo han sido recompensados con cosas buenas. Pero a un costo terrible!

Este ensayo es también para aquellos que inocentemente propios involucrados con el pensamiento de la Santería de alguna manera estaba conectado con la Iglesia Católica y así fue aceptable. La Iglesia Católica entendida como históricamente rechaza la santería y sus prácticas mágicas.

Este documento es para aquellos que se han iniciado y han poseído espíritus, espíritus había dicho a espíritus de antepasados o por orishas propios. Todos estos son demonios cuya finalidad es llevarle al infierno con ellos.

Jesucristo de Nazaret puede expulsar los demonios fuera.

Por favor estudiar los siguientes pasajes de las escrituras hebreas y el nuevo testamento de la Biblia:

Deuteronomio 18:10-12. "No habrá encontrado entre vosotros quien quema su hijo o su hija como ofrenda, quien practica la adivinación, dice fortunas o interpreta presagios, o un brujo o un encantador o un medio o un nigromante o uno que consultas de los muertos, para quien hace estas cosas es una abominación a Jehová".

Nota "Nigromante"--comunicador con los muertos directa y al punto, también los muertos no se comunican con la vida. Esto es claramente una parábola Jesús dijo, la historia de un hombre rico y un pobre hombre llamado Lázaro.

El hombre rico murió y fue al infierno. Lazarus, siervo del hombre rico, también murió y fue al cielo. El hombre rico quería que Lazarus le ayude a advertir a sus hermanos, pero Dios le dijo que era un profundo abismo fijado por lo que nadie podía cruzarlo de cualquier manera (véase Lucas 16:19-31).

No hay ninguna comunicación entre los muertos a la vida, y lo que parece ser el caso es sólo un engaño de Satanás.

Fue la razón por la que el hijo de Dios apareció para destruir las obras del Diablo (ver 1 Juan 3:8). Se nos dice, "enviar ustedes por lo tanto a Dios. Resistir al Diablo y él huirá de ustedes"(James 4:7).

Jesús es vencedor sobre el Diablo. Sin embargo si alguno es poseído puede ser perdonado, no importa en qué actos terribles haya participado, Nadie está sin esperanza.

Solo Jesucristo es quien te puede liberar del poder del Diablo y sus demonios. No necesitamos temer a los malos espíritus; los espíritus malignos temen a Dios y padre de nuestro Señor Jesucristo.

El poder del Espíritu Santo puede establecer libertad.

Reflexiones finales

"Tu adversario el diablo merodea como león rugiente, buscando a quien devorar" (1 Pedro 5:8). Pedro continúa diciendo: "Resistid a él, firmes en vuestra fe". Esta es entonces, la razón de este folleto.

La sanación y paz: son muy buscadas y por extraño que parezca, aquellos que se ponen en contacto con un curandero pueden experimentar algo de consuelo y curación. No es fácil vivir en este mundo loco y Satanás se aprovecha proporcionando milagros baratos y períodos de paz y tranquilidad.

Considerando la meditación e incluso la yoga u otra cosa; Aquí hay un elemento de placer y paz. Lo hemos observado una y otra vez, en el gimnasio al que vamos y hablando con familiares y amigos que tanto se involucran. Hace años, Kent tomó dos clases de yoga que parecían estar bien, pero, en comparación con la alabanza, la paz, la alegría y la adoración en la iglesia, el yoga no estaba a la altura. Sí, algunos sugirieron que era genial que tomara esas clases, pero francamente estaba aburrido. Preferí "volver mis ojos a Jesús y mirar de lleno en su maravilloso rostro" que quedarme quieto en una posición de loto, colocando mis pulgares hacia arriba contra mis dedos meñiques, todo el tiempo tratando de borrar mi mente. En ninguna parte de nuestra Biblia se fomenta tal cosa. Y que se sepa que aquí no hay verdadera paz ni tranquilidad.

Deseamos ser sanos y luchamos por esto toda nuestra vida, especialmente a medida que envejecemos. Envejecer no es con el corazón débil, pero pocos escapan de esto, excepto aquellos que mueren antes de lo normal debido a algo como un ataque cardíaco repentino. Este mundo loco es nuestro enemigo constante. ¿Parece que las cosas van cuesta abajo más rápido que nunca?

Hay un canto que dice, tal como se presenta parcialmente: "Vuelve tus ojos a Jesús, mira de lleno en su maravilloso rostro y las cosas de la tierra se oscurecerán extrañamente a la luz de su gloria y gracia". Desearíamos que pudieras escucharnos cantar esto ahora mismo.

Nota de Juan Carlos Garcia.

Existe el lado oculto donde mucha gente queda atrapada por ciertas cosas o creencias Como lo es el consultar espiritistas o alguien que lee cartas y por esa causa quedan atrapados por el poder del maligno y los hacen creer que por llevar con ellos acertijos, collares, amuletos piedras, velas o en algunos casos te hicieron una supuesta limpia con un huevo o hierbas o te leyeron la mano, también muchas figuras en joyas o tatuajes en el cuerpo que para muchos suele ser algo insignificante pero trae como resultado algo muy difícil y extraño de salir en ciertos casos; muchas personas no pueden salir del alcoholismo del fumar de usar drogas etc porque esconden o portan algo que los une al pacto realizado aunque se vea muy insignificante, recuerda que satanás se disfraza como Ángel de luz; pero hay esperanza y salvación en Cristo Jesus.

Deuteronomio 5:8-10

> "No hagan ídolos ni imágenes de nada que esté en el cielo, en la tierra o en lo profundo del mar. No se arrodillen ante ellos ni hagan cultos en su honor. Yo soy el Dios de Israel, y soy un Dios celoso. Yo castigo a los hijos, nietos y bisnietos de quienes me odian, pero

trató con bondad a todos los descendientes de los que me aman y cumplen mis mandamientos."

¿Conoces personas que veneran la santa muerte?" Hay personas que a cambio de dinero, fortuna, suerte o protección les hacen creer en tantas locuras como venerar a imágenes e incluso a la santa muerte "como dicen ellos". Pero eso es mentira es solo un ticket para una vida confundida llena de enfermedad y desaliento en el futuro. En ningún libro de la biblia encontramos que un muerto puede dar vida a una promesa y lo que a causado es angustia vergüenza y dolor al alma.

Levítico 19:31 "No os volváis a los médium ni a los espiritistas, ni los busquéis para ser contaminados por ellos. Yo soy el SEÑOR vuestro Dios."

Recuerda que el mal existe pero Jesús ofrece el perdón; practicar el pecado es condenado pero Jesus nos da vida y vida en abundancia. Si tú sigues ocultando tu pecado o algún día practicaste santeria el no podrá hacer nada por ti hasta que rindas completamente tu vida a Dios para que el pueda entrar en ti. Pídele perdón con tus propias palabras y en voz alta y dile,

"Señor Jesús te pido perdón por haber cometido pecado y quebrantar tus mandamientos. Señor Jesús reconozco que te he fallado Y te pido perdón, reconozco que tu eres el hijo de Dios que vino en carne a morir por mis pecados. Hoy te abro mi corazón y te recibo como mi Señor y salvador de mi vida, Señor Jesús escribe mi nombre en el libro de la vida. Límpiame con tu sangre preciosa y libértame de todo sufrimiento, ten misericordia de mí y ayúdame a poder ser restaurado por tu palabra y tu verdad. Yo perdono a mis padres, a las personas que han hecho daño, y me perdono a mi mismo por guardar toda culpa. Gracias Dios en el nombre de Jesucristo tu hijo amén."

Proverbios 28:13-14

> "Quien esconde su pecado jamás puede prosperar; quien lo confiesa y lo deja, recibe el perdón. ¡Dios bendice a quienes lo obedecen! Pero los necios caen en la desgracia."

Recuerda que algunas de estas cosas están en tu casa, en tu ropa o en tu corazón; sácalas de ahí lo más pronto posible, ¡No temas! que Jesús está peleando por ti para que seas libre y lo conozcas a El de verdad solo nos basta el ser obedientes y Él nos dará la corona de la vida.

Galatas 6:11-14

Lo que realmente importa para el buen líder es

> "Esta parte la escribí yo mismo. Fíjense que les escribo esto con letras bien grandes. Los que quieren obligarlos a circuncidarse, solo desean quedar bien con la gente. No quieren sufrir por anunciar el mensaje de la cruz de

Cristo. Ellos están circuncidados, pero no obedecen la ley de Moisés. Lo único que desean es que ustedes se circunciden, para luego decir con orgullo que ellos pudieron convencerlos de circuncidarse. Yo, en cambio, solo me sentiré orgulloso de haber creído en la muerte de nuestro Señor Jesucristo. Gracias a su muerte, ya no me importa lo que este mundo malo piense de mí; es como si yo hubiera muerto para este mundo."

www.ingramcontent.com/pod-product-compliance
Lightning Source LLC
Chambersburg PA
CBHW050041080526
44586CB00014B/1399